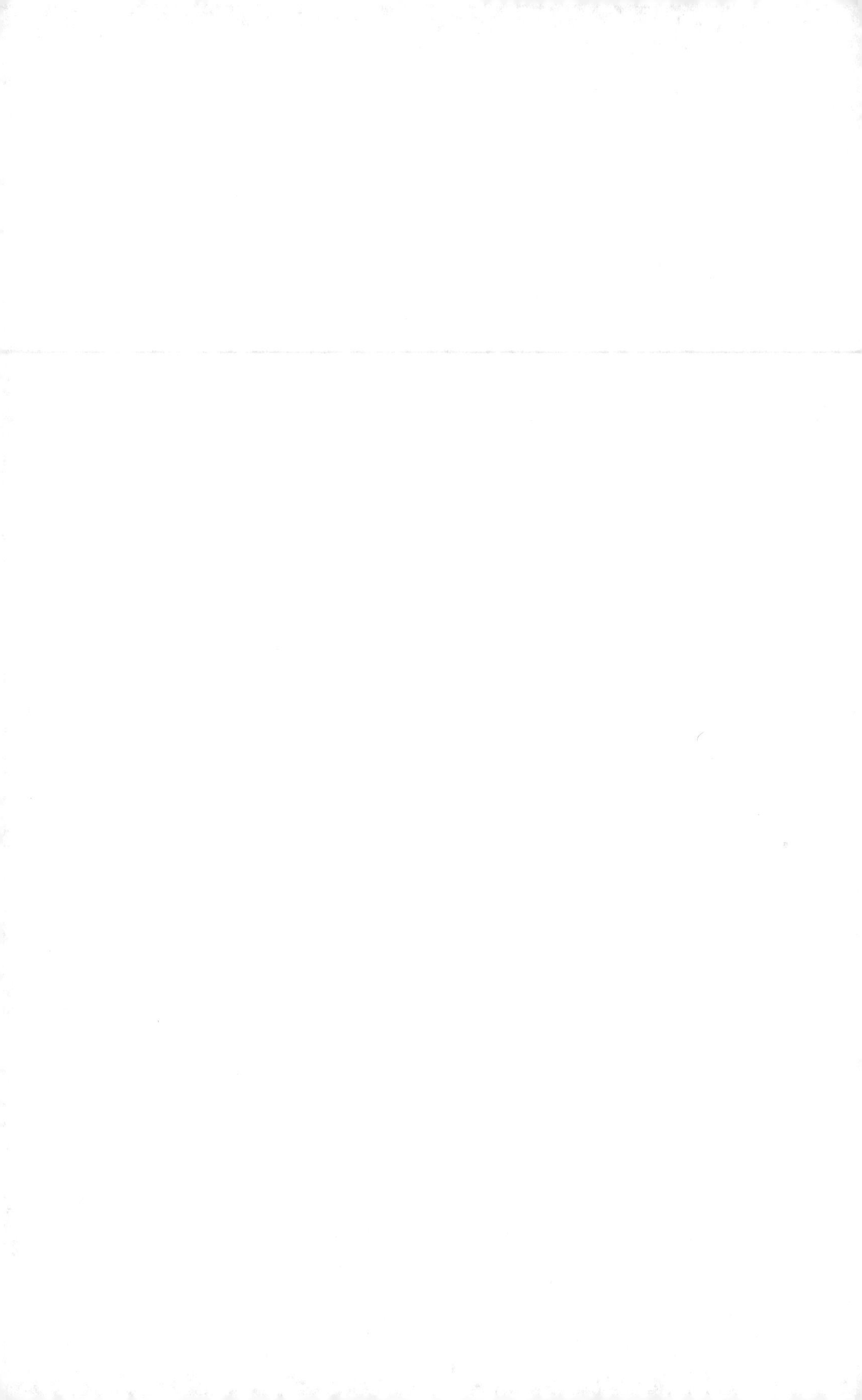

Vente du Vendredi 12 Janvier 1883

ESTAMPES

ANCIENNES

ÉCOLE DU XVIIIe SIÈCLE

EN NOIR ET EN COULEUR

ORNEMENTS

Portraits d'Acteurs et d'Actrices par JANINET

CARICATURES, PIÈCES HISTORIQUES

GRAVURES EN LOTS

Dont la vente aura lieu

HOTEL DES COMMISSAIRES-PRISEURS

RUE DROUOT, 9, SALLE N° 4

Le Vendredi 12 Janvier 1883

A UNE HEURE ET DEMIE PRÉCISES

Me MAURICE DELESTRE | M. L. DUMONT
COMMISS^{re}-PRISEUR | MARCHAND D'ESTAMPES
rue Drouot, n° 27 | Quai des Gr.-Augustins, 21

PARIS — 1883

Vᵉ RENOU, MAULDE et COCK

IMPRIMEURS DE LA COMPAGNIE DES COMMISSAIRES-PRISEURS

Rue de Rivoli, 144.

CONDITIONS DE LA VENTE

Elle sera faite au comptant.

Les Acquéreurs paieront cinq pour cent. en sus des adjudications. applicables aux frais.

L'ordre du Catalogue sera suivi.

DÉSIGNATION

1 **Anonymes**. Dona Anna Maria Barbara de Portugal, reine d'Espagne, in-fol., très belle ép., grandes marges.

2 — La Recherche des appas. — Les Grâces enchaînées par l'Amour. 2 pièces. Belles ép.

3 — L'Amour désarmé. — Vénus et l'Amour. 2 pièces avant la lettre. Belles ép., toutes marges.

4 — La Demande en mariage, en couleur. Très belle épreuve.

5 — Le bon Médecin. — Les Vapeurs. 2 pièces. Belles ép., toutes marges.

6 **Baudoin**. L'Enlèvement nocturne, par Ponce. Belle ép., marges.

7 **Beaulier**. Toilette du matin. — Toilette du soir. 2 pièces. Belles ép., rares.

8 **Beauvarlet**. La Marchande d'amours. — La douce Mélancolie. — La jeune Corinthienne. 3 pièces. Belles ép.

9 **Bénard**, **Borel**. Le Gage de l'amitié. — L'Allaitement maternel encouragé. — Tant va la cruche à l'eau, etc. 3 pièces. Belles épreuves.

10 **Bentely**. Le Portrait de l'amant, d'après Van Gorp, en couleur. Très belle ép., toutes marges, rare.

11 **Boilly**. Le Sommeil trompeur. Très belle ép., marges.

12 — Jouir par surprise n'alarme pas la pudeur. —
Voilà ma mère, nous sommes perdus. 2 pièces en
couleur. Très belles ép., toutes marges.

13 — La Jardinière. — La Réflexion. 2 pièces. Belles
ép., marges.

14 **Bonnet.** Tête de femme avec coiffure, d'après Le
Clerc. Très belle ép., marges.

15 — Vénus aux Colombes, d'après Boucher, aux trois
crayons. Belle ép., marges.

16 **Borel.** Rendez-vous de chasse d'Henri IV, par
Guttenberg. Très belle ép., marges.

17 — Le Mariage conclu. — Le Mariage rompu. 2 pièces
par de Launay.

18 **Bosse A.** L'Infirmerie de l'hôpital de la Charité de
Paris. Superbe épreuve, grandes marges.

19 — Les Éléments. 4 pièces. Belles ép., toutes
marges.

20 **Boucher.** Les Sabots. — Pensent-ils à ce mouton.
— Costumes, etc. 5 pièces.

21 **Callot.** Le Triomphe de la Vierge. — La Passion, etc.
9 pièces.

22 **Caresme.** Le Philosophe charitable. Très belle ép.,
marges.

23 — Le Satyre impatient. — Honny soit qui mal y
voit, etc. 3 pièces. Belles ép.

24 — Sully et Henri IV. — Les Amours forgerons. —
Henri IV devant Paris. 3 pièces. Belles ép.

25 **Chauveau.** Louis XIV recevant les prévosts des
marchands. Très belle épreuve, marges.

26 **Chodowiecki.** Les Adieux de Calas à sa famille.
Pièce originale. Très belle ép.

27 **Cochin**. La charmante Caïn. — Le Chanteur de
cantiques. 2 pièces. Belles ép., marges.

28 — Le Château de cartes. — Le Camouflet. 2 pièces.
Belles ép., grandes marges.

29 **Colinet**. La Marquise de Boufflers, en couleur. Belle
épreuve.

30 — Cécilia. Très joli portrait en couleur. Belle ép.
avant la dédicace.

31 **Courtin**. Les Jeux naïfs. — Iris accorde sa voix. —
Des deux Galants, etc. 3 pièces. Très belles ép.,
marges.

32 **Couvay**. Le Palais des Facultés de l'âme, d'après
Huret. Belle ép., petites marges.

33 **Cunégo**. Joseph Labre. In-fol. Très belle ép.,
rare.

34 **Darcis**. La Brouille. — Le Raccommodement.
2 pièces d'après Guérin. Belles ép., marges.

35 **Daumont** (A Paris chez). Bourse ou Loge des
changes à Lyon. Très belle ép., petites marge.

36 **Debucourt**. Route de Saint-Cloud, d'après C. Vernet, en couleur. Belle ép., marges.

37 — Route de poste, d'après C. Vernet, en couleu
Belle épreuve, marges.

38 — Militaires écossais. — Famille écossaise. 2 pièces
en couleur, d'après C. Vernet. Belles ép.

39 — Promenade anglaise. — Le Courrier anglais,
d'après C. Vernet, en couleur. Belles ép.

40 — Jouis tendre mère. — Le Juge ou la Cruche cas-
sée. 2 pièces.

41 **Delaunay**. Les Vierges sages et les Vierges folles.
L'Espérance soutient le malheureux. 2 pièces. Belles
épreuves.

42 **Demarne-Demartrais**. Vue du parc. — Vue du château de Versailles. 2 pièces in-fol., en couleur.

43 — Vue du corps législatif. — Vue du Pont Neuf et de la Monnaie. 2 pièces in-fol.

44 **Demarteau**. Paysages. — Bas-Reliefs, Etudes, etc. 17 pièces.

45 **Descamps**. Le Négociant, par Lebas. — Le Charlatan, par Dujardin. — Diane, etc. 3 pièces. Belles ép.

46 **Descourtis**. L'Amant surpris, d'après Shall, en couleur. Très belle ép., marges.

47 **Desportes Oudry**. Sujets de chasse. 4 pièces.

48 **Desprez**. Décors de théâtre. — Fantaisies grotesques. 3 pièces. Belles ép.

49 **Desrais**. Couronnement de Voltaire, par Mlle Clairon sur la scène du Théâtre français. Très belle ép.

50 **Droyer Ducreux**. Le Charme de l'amitié. — Le Rieur. 2 pièces. Belles ép., marges.

51 **Duflos Cl**. La Batteuse de beurre. — La Fileuse. 2 pièces. Très belles ép., toutes marges.

52 **Duménil**. La Poupée et le Volant. — La Fille de Tancrède. — Musiciens de village. 3 pièces. Belles ép., marges.

53 **Duplessis-Bertaux, Choffard**. Promenade au haras, d'après C. Vernet. — Scène de bataille. — Costumes. 10 pièces.

54 — Aventure d'Henri IV et du capitaine Michau. Très belle ép., toutes marges.

55 **Dutailly**. Départ pour la chasse. — Retour de chasse. 2 pièces. Très belles ép., toutes marges.

56 **École anglaise**. Hogart et divers. 12 pièces.

57 **École française**. La Reconnaissance de Fonrose.—
La Dame charitable. — La jeune Nourrice. — Les
Adieux. 4 pièces. Belles ép.

58 — Renaud et Armide. — L'Intérieur de ménage, etc.
12 pièces en couleur.

59 — Trois Domestiques de Mme Le Hay. — Je t'en ra-
tisse, etc. 20 pièces.

60 — Le Grenadier de France. — Le Soir. — L'Élève de
la nature, etc. 6 pièces.

61 — Le Désir. — Nymphe de Diane, etc. 10 pièces en
couleur.

62 — Nymphe de Diane. — La Vertu irrésolue, etc.
10 pièces en couleur.

63 **École italienne.** Lucas Giordano, — Della Bella. —
André del Sarte, etc. 10 pièces.

64 — Raphaël. — Carrache, etc. 10 pièces.

65 — A. Vénitien. — Raphaël, etc. 8 pièces.

66 — Castiglione. — P. Testa, etc. 10 pièces.

67 **Fatou** (A Paris chez). La Mère intéressante. Très
belle ép., marges.

68 **Fragonard**. Le Contrat. par Blot. Très belle ép.

69 — Télémaque et Eucharis. — Sujets divers.
6 pièces.

70 **Freudeberg**. L'heureuse Union. par Bosse.
Ép. avec l'encadrement, marges.

71 — La Surprise. Très belle ép., marges.

72 **Garnerey**. Vue de Bordeaux. In-fol. en travers.
Belle ép.

73 **Gillot**. Scènes de théâtre. 18 pièces.

74 **Gravelot**. Le Lecteur. par Gaillard. Belle ép.

75 **Green W.** Mort de Lady Jane Gray. In-fol. en travers. Très belle ép.

76 **Guersant**. Angélique et Médor. Très belle ép.,
marges.

77 **Huet.** L'Amant pressant. La délaration, 2 pièces en
couleur. Belles ép.

78 — Les Amours rendant hommage à Vénus, en couleur. Très belle ép., marges.

79 — Le Tambour national. — La Sœur donnant les
étrennes à son frère, 2 pièces en couleur. Belles ép.
marges.

80 — La Feinte résistance. — Le Printemps. — L'Eté.
— La Fidélité, etc., 5 pièces. Belles ép.

81 — Hébé. — Le Départ pour le marché. — Les
Laveuses, etc., 4 pièces en couleur. Belle ép.

82 **Incroyables** (Pièces sur les). Oh! c'est bien ça, en
couleur. Belle ép.

83 — Faites la paix. — C'est inconcevable, 2 pièces en
couleur. Belles ép.

84 **Janinet**. Mme de Saint-Aubin, dans le rôle de
Lucette, en couleur. Très belle ép., grandes marges.

85 — Mme Favart, rôle de Roxelane, en couleur. Très
belle ép., grandes marges.

86 — Mlle Olivier, dans Amphytrion, en couleur. Très
belle ép., grandes marges.

87 — Mlle Colombe, dans la Colonie, en couleur. Très
belle ép., grandes marges.

88 — Mme Dugazon, dans le rôle de Sophie, en couleur.
Très belle ép., grandes marges.

89 — Mlle Dumesnil, rôles de Jocaste et d'Athalie, 2 pièces en couleur. Très belles ép., grandes marges.

90 — Mlle Raucourt, en couleur. Très belle ép., grandes marges.

91 — Mlle Carline. — Mmes Gontier. — Bellecourt. 3 pièces en couleur. Très belles ép., grandes marges.

92 — M. Michu, rôle de Blaise. — Le Kain, rôle de Mahomet, 2 pièces en couleur. Très belles ép., grandes marges.

93 — MM. Préville, dans la Rissole; Desessart, dans le Glorieux; Chenard, — Clairval, rôle de Colas. 4 pièces. en couleur. Très belles ép., grandes marges.

94 — MM. Granger. Laïs, Rousseau, Molé, Sarrazin. 5 pièces en couleur. Très belles ép., grandes marges.

95 — MM. Saint-Fal, Gardel le Jeune, Rousseau, Vanhove, Lainez, 5 pièces en couleur, Très belles ép., grandes marges.

96 — MM. Caillot, Bonneval, rôle de Geronte; Naude. Larive, etc., 5 pièces en couleur. Très belles ép., grandes marges.

97 — MM. Carlin, Saint-Prix, Tue, La Rive, 4 pièces en couleur. Très belles ép., grandes marges.

98 — Vue des environs de Blois. — Vue des Tuileries, etc., 5 pièces en couleur. Belles ép.

99 — Ruines romaines. — Les Nourrices, d'après Boucher, etc., 6 pièces. Belles ép.

100 **Kessler.** La mort du major Pierson, in-fol. en travers. Très belle ép., marges.

101 **Knight.** Tom and his pigeons, d'après Russell. Très belle ép., grandes marges.

102 **Lancret.** Le Midi. — L'Hiver. — Les agréments de la Campagne. 3 pièces.

103 **Le Clerc.** L'Enfant prodigue, 5 pièces. Belles ép., toutes marges.

104 **Le Mire**. Le général Washington, d'après Le Paon, en pied. Belle ép., marges.

105 **Leprince**. Les Pêcheurs. — Les Bateaux russes, 2 pièces. Très belles ép., grandes marges.

106 — Les filets. — Le Berceau. — Le cabaret de Moscou, etc., 5 pièces. Belles ép.

107 — Intérieurs russes. — Costumes, etc., 10 pièces.

108 — La Leçon inutile. — Les Modèles, 2 pièces, par Helman et de Longueuil.

109 **Longhi-Amiconi**. Scènes d'intérieur. — La Musique, etc. 6 pièces. Belles ép.

110 **Macret**. Réception de Voltaire aux Champs-Élysées, par Henri IV. Très belle ép., marges.

111 **Marillier**. Tableaux des français. 16 pièces.

112 **Martinet**. Les Amants heureux. — Le Colin-Maillard. 2 pièces. Belles ép., marges.

113 — Scènes de bataille. 13 pièces.

114 **Mèchel** (Chr. de). L'Empereur Joseph et son état-major. — Tombeau du maréchal de Saxe. 2 pièces. Belles ép.

MODES, COSTUMES

115 *Desrais*. Vignettes de modes pour un almanach. — Suite complète de 12 pièces, plus 3 pièces à l'eau-forte pure.

116 — A french, petit maître. — The french lady. — Costumes français. — Coiffure à l'espérance, etc. 7 pièces.

117 — Coiffures et Modes. 12 pièces.

118 — Incroyables, militaires. — Costumes de Bonnard, etc. 18 pièces.

119 — Portraits d'Acteurs et d'Actrices. 19 pièces coloriées. Belles ép.

120 — Coiffures. 8 pièces, par Desrais.

121 — Costume parisien. 36 pièces.

122 *Monnet*. Salmacis et Hermaphrodite. — Le Garde-Chasse scrupuleux, par Schall. 2 pièces.

123 *Monsaldy*. Le Général Desaix, en pied. Grand in-fol. Très belle ép., marges.

124 *Moreau le jeune*. La grande Toilette, par Romanet. Très belle ép.

125 Couronnement de Voltaire sur le Théâtre-Francais, par Gaucher. Très belle ép. avec les armes de la marquise de Villette. Petites marges.

126 — Dévouement héroïque à la bataille de Pavie, par de Longueil. Très belle ép. avec les noms à la pointe.

127 *Morland*. La Visite à la pension, par Mixelle. Très belle ép., marges.

128 *Naudet*. (A Paris, chez). Le Vice forcé dans ses retranchements. Très belle ép., marges.

129 *Née* et *Masquelier*. Retraite de Meaux. Suite de 4 pièces. Belles ép., grandes marges.

130 — Monument projeté à la gloire de J.-J. Rousseau. — La Solitude, etc. 3 pièces. Belles ép.

ORNEMENTS

131 *Baptiste Monnayer*. Corbeilles de fleurs avec entourages. 4 pièces coloriées, rares.

132 — Livre de toutes sortes de fleurs, d'après nature, par Wauquier. 8 pièces. Très belles ép.

133 *F. Boucher*. Les Sens. Suite de 6 pièces. Très belles ép., rares.

134 *Brinclaire*. Vases, Ornements anciens. 10 pièces.

135 *Bry*. (Th. de). Le Capitaine Prudent. — La Vierge et l'Enfant Jésus. 2 pièces rondes avec entourages. Belles ép.

136 *Choffard*. Collection de Culs-de-Lampes et Fleurons, d'après Bachelier. 5 pièces et les deux titres. Belles épreuves.

137 *Cuvillies*. Livre de fantaisies, n°ˢ 1 à 4. Belles ép., toutes marges.

138 *Delafosse*. Deuxième Livre de trophées, attributs de guerre. OO. N°ˢ 1 à 5. Belles ép.

139 — Troisième Livre de trophées, attributs militaires. PP. N°ˢ 1 à 5. Belles ép.

140 — Quatrième Livre de trophées, attributs pastoraux. 5 pièces. Belles ép.

141 — Cinquième Livre de trophées, attributs de chasse et de pêche. RR. N°ˢ 1 à 5. Belles ép.

142 — Chaires, Trophées, etc. 12 pièces. Belles ép.

143 — Cahier de Chandeliers. FF. N°ˢ 1 à 4. Belles ép., toutes marges.

144 — Poëles. — Piédestaux. Y. N°ˢ 1 à 4. Belles ép., toutes marges.

145 — Chaises-Fauteuils. — Les Évangélistes, par C. N. Cochin. 6 pièces. Très belles ép.

146 — Attributs de chasse, de pêche, etc. 7 pièces. Belles ép.

147 *Delaulne.* (Étienne). Panneaux grotesques. 5 pièces ovales. Très belles ép.

148 *Dumont.* Cheminées. Suite de 6 pièces. Très belles épreuves.

149 — Parallèle des grands entablements et de charpente. Suite complète de 12 pièces. Très belles ép.

150 *Francart.* Portes-cochères de menuiserie. A Paris, chez Mariette. Suite complète de 6 pièces. Très belles épreuves.

151 *Germain.* Motifs d'orfévrerie. 3 pièces. Très belles épreuves.

152 *Girardon.* Cabinet du sculpteur où ses œuvres se trouvent représentées. 7 pièces.

153 — Tombeau du Cardinal de Richelieu, sous trois aspects différents. 3 pièces.

154 *Jollain* (A Paris, chez). Livre nouveau de fleurs et d'oiseaux. 14 pièces.

155 *Lalonde.* Troisième Cahier de Bordures, à l'usage des sculpteurs. Cahier D. 6 pièces, toutes marges.

156 — Cahier de Meubles. 10 pièces.

157 *Leclerc* (Sébastien). Scènes de bataille entourées de cartouches ornementés. 23 pièces.

158 *Lepautre,* Pilier, Chandeliers en rocaille de la grotte de Versailles. 8 pièces, toutes marges.

159 *Neufforge* (De). Serrurerie. — Porte-Lits. — Alcoves. etc. 13 pièces. Très belles ép.

160 — Architecture. — Menuiserie, etc. 47 pièces.

161 *Pillement.* Les Sens. — Fleurs, etc. 8 pièces.

162 *Poilly* (Chez). Vases. 4 pièces.

163 *Polidore de Caravage.* Vases. 13 pièces.

164 — Bas-Reliefs. 16 pièces.

165 *Ranson.* Broderies pour fauteuils. — Panneaux, 4 pièces. Belles ép.

166 — Cahier de fleurs et Vases. 5 pièces. Belles ép.

167 — Attributs de chasse et de pêche. 7 pièces.

168 — Groupe de fleurs, Trophées. 8 pièces. Belles ép.

169 — Cadres. 4 pièces. Belles ép.

170 — Cadres ornementés. 5 pièces. Belles ép.

171 *Sallembier-Carle.* Fleurs gravées en couleur par Bonnet. 6 pièces. Belles ép.

172 *Schübler.* Tables. — Lits de parade. 10 pièces. Belles ép.

173 *Tessier.* Fleurs diverses. 9 pièces.

174 *Vriedman de Vrièse.* Traité de perspective et d'architecture. — Texte et planches. Broché.

175 — Album composé. Titres d'ouvrages frontispices, Culs de lampe, etc. 200 pièces.

176 Sujets d'ornementation des maîtres du xviiie siècle. 400 pièces. Sera divisé.

177 **Pater.** Bataille arrivée dans le tripot, par Edm. Jeaurat. — Ragotin à cheval, par Surugue. — La Rancune coupe le chapeau de Ragotin, par Surugue. — Le Destin retire Ragotin du rosier où il s'était jeté, par Surugue. — Ragotin tiré du coffre où la servante l'avait enfermé, par Surugue. — Un Serrurier coupe le pot de chambre pour dégager le pied de Ragotin, par Surugue. — Pyramide d'ailes et de cuisses de poulets, par Lépicié. — Ragotin trouve les bohémiens dans sa maison de campagne, par Lépicié. Ensemble 8 pièces pour le Roman comique de Scarron. Superbes ép. *avant toutes lettres*, grandes marges.

178 **Pièces historiques**. Triomphe de la Pucelle
d'Orléans. — Fontaine de Jeanne d'Arc à Rouen. —
Son Portrait. 3 pièces. Belles ép., marges.

179 — Vue de la bataille de Fontenoy, gagnée par le
roi Louis XV. — Mémorable bataille de la Hogue.
2 pièces. Belles ép.

180 — Notre-Dame d'Allen. Chapelle érigée en souvenir
d'une victoire sur les hérétiques. — Le Lever du roi.
— La Cérémonie des offrandes. 3 pièces. Belles ép.

181 **Pinelli**. Scènes de brigands et divers. 4 pièces.

182 **Piranési**. Ruines romaines, Vases, etc. 22 p.

183 **Poussin** et S. **Wouet**. Sujets religieux et divers.
11 pièces.

184 **Prudhon**. La Vengeance de Cérès, par Copia. Très
belle ép., toutes marges.

185 **Queverdo**. Le Dangereux modèle, par Patas. Belle
. épreuve.

186 — Scène du déserteur, par Dembrun, avant la lettre,
marges.

187 **Rainaldi**. Salomé regardant la tête de saint Jean-
Baptiste, d'après Le Guerchin. Très belle ép.,
marges.

188 **Ramberg**. Le Marché d'esclaves. Très belle ép.,
marges.

189 **Révolution** (Pièces sur la). Fête du 14 Juillet,
an IX, en couleur. Belle épreuve.

190 — Défaite des contre-révolutionnaires, commandés
par le petit Condé. In-fol, en travers. Belle ép.

191 — Grande armée du ci-devant prince de Condé.
In-fol. en travers. Belle ép.

192 — La Contre-Révolution. In-fol. en travers. Belle ép.

193 **Duplessis**. La Révolution française. — A la Nation française les protestants reconnaissants. 2 pièces grand in-fol. en travers. Belles épreuves.

194 — Liberté de la Presse, coloriée. Belle ép., rare.

195 **Richter**. L'École en désordre, en couleur. Belle ép., marges.

196 — The Mayor of Garratt. Très belle épreuve, marges.

197 **Rubens** (D'après). Naissance de Jésus. Les Disciples d'Emmaüs, par Wosterman, etc. 7 pièces.

198 **Saint-Aubin** (A. de). Au moins soyez discret. — Comptez sur mes serments. Deux pièces. Belles ép.

199 **Schenau**. La Fille rusée. — L'Amour conduit par la Folie. Deux pièces. Belles épreuves.

200 **Schiavonetti**. Mort de J. Paul Marat, d'après Pellegrini. Très belle épreuve, grandes marges.

201 **Troy** (De). Frère Blaise Feuillant, in-fol. par B. Belle épreuve, rare.

202 **Van Gorp**. La Curiosité punie, par Lempereur. Très belle épreuve, toutes marges.

203 **Van Loo**. Le Coucher, par Perporati. Très belle ép., marges.

204 — La Chasse à l'oiseau, par Ravenet. Très belle ép., rare.

205 — La Confidence, par Beauvarlet. Belle épreuve.

206 **Vernet** (C.). La Course. — L'Arrivée de la course. — Les Jockeys montés. 3 pièces. Belles ép., marges.

207 — Chevaux. — Voitures, etc. 8 pièces.

208 **Vernet** (J.). Le Matin. — Le Soir. — Départ pour la pêche, etc. 5 pièces. Belles épreuves.

209 **Voyez, le jeune.** Les Regrets. — Sainte Madeleine.
2 pièces. Très belles ép., grandes marges.

210 **Vues.** Paris. — Galerie du Palais-Royal. — Pont-
Neuf. — Louvre, etc. 6 pièces.

211 — Saint-Pétersbourg. 4 pièces coloriées.

212 **Watteau.** Halte! par Moyreau. Très belle ép.,
toutes marges.

213 — Les Amusements de Cythère. par Surugue. Très
belle ép., toutes marges.

214 — Arlequin, Pierrot et Scapin, par Surugue. Belle
épreuve.

215 — Camp volant, par C. N. Cochin. Très belle ép.,
toutes marges.

216 — La même estampe. Belle ép.

217 — La Diseuse d'aventures, par L. Cars. Très belle ép.

218 — Le Lorgneur, par Scotin. Très belle ép.

219 — Le Naufrage, par le comte de Caylus. Très belle
épreuve.

220 — Pomone, par Boucher. Très belle ép., marges.

221 — Qu'ai-je fait, assassins maudits, par Joullain. Belle ép.

222 — La Surprise, par Audran. Très belle ép., marges.

223 — Suite de Figures. 24 pièces, plus le titre.

224 — Costumes, Études, etc. 12 pièces.

225 **Weenix, le père.** Le Repas chez Henri IV. — Le
Concert chez Henri IV. 2 pièces par Helman. Belles
ép., marges.

226 **West.** His Royal Highness, prince Ottavius. Très
belle ép., marges.

227 **Westall.** Hop pickers, en couleur. Belle ép., marges.

228 **Wille.** Carolus Walliæ, d'après Tocqué, in-fol. Très belle ép., petites marges.

229 **Wille fils.** La Nouvelle affligeante, par Cathelin. Très belle ép., toutes marges.

230 — Agar présenté à Abraham, par Sara, d'après Diétricy. Très belle ép., grandes marges.

231 **Winkless.** Le Bal. Très belle ép., grandes marges.

---

232 Sous ce numéro, il sera vendu en lots environ deux mille Estampes de toutes les écoles.

Vᵉ Renou, Maulde et Cock, impʳˢ de la Compagnie des Commissaires-Priseurs, rue de Rivoli, 144.   34199